编写说明

本习题册是全国就业训练机械类统编教材《金属工艺基础》(第二版)的配套习题。这次组织编写的有：机械基础、金属工艺基础、电工基础知识、车工工艺、钳工工艺、铣工工艺、焊工工艺、铸造工艺课程的习题册。

习题册题型的选择为填空、判断、选择、名词术语解释、问答、作图和计算等形式。习题册的章节顺序与教材一致，与教材内容紧密结合，由浅入深，以便学生能够更好地掌握、消化课程内容。

本习题册可供在职培训、职业学校及自学使用。

本习题册由王汉良编写。

《全国就业训练统编教材习题册》编审组

目　录

第一章　金属材料的性能

§1—1　金属的力学性能

一、填空题

1. 金属材料的力学性能，是指金属材料在__________________所表现出来的________。

2. 金属材料的力学性能主要有弹性、________、________、________、冲击韧性和疲劳强度等。

3. 金属材料在________及________过程中所受的外力称为载荷。

4. 载荷作用于金属材料使其产生________和________的改变统称为变形。

5. 按载荷作用性质的不同，把载荷分为____________、____________和_______________等。

二、选择题（将正确答案序号写在横线上）

1. 表示金属材料抗拉强度的符号是______。

A. σ_e　　*B*. σ_b　　*C*. σ_s

2. 表示金属材料延伸率的符号是______。

A. $\sigma_{0.2}$　　*B*. ψ　　*C*. δ

3. 表示金属材料洛氏硬度的符号是______。

A. HB　　*B*. HR　　*C*. HV

三、名词术语解释题

1. 弹性：

2. 塑性：

3. 强度：

4. 硬度：

5. 冲击韧性：

6. 疲劳强度：

四、问答题

1. 什么是弹性变形？

2. 什么是塑性变形？

3. 当载荷超过金属材料的屈服点和抗拉强度时，金属材料将分别发生何种现象？

§1—2 金属的物理、化学和工艺性能

一、填空题

1. 金属的物理性能包括密度、________、导电性、____________、热膨胀性、________等。

2. 金属的化学性能是指金属在________或________时抵抗各种________________的能力。

二、问答题

1. 何谓金属的工艺性能？按加工工艺方法不同分为哪几种？

2. 何谓金属的使用性能？包括哪些内容？

第二章　常用金属材料

§2—1　钢铁材料的生产过程概述

问答题

1．炼铁和炼钢过程的实质是什么？

2．炼铁的主要原料有哪些？

§2—2　碳　素　钢

一、填空题

1．碳钢是指含碳量__________________的铁碳合金。按用途分为__________________、_________________________和__________________三大类。

2．碳钢按含碳量多少分为___________、___________和___________。

二、选择题（将正确答案序号写在横线上）

1．碳素结构钢是______。

A．45　*B*．Q195　*C*．T7

2．优质碳素结构钢出厂时______。

A．只保证力学性能　*B*．只保证化学成分　*C*．力学性能和化学成分均保证。

3．制造锉刀的材料应选用______。

A．T7　*B*．T10　*C*．T13

三、解释材料牌号的名称、符号及数字的含义（将答案写在引线处）

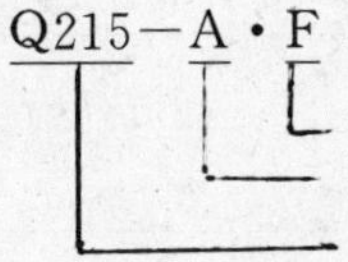

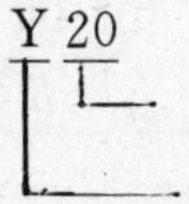

名称：__________

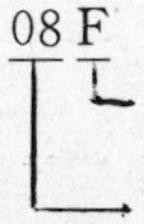

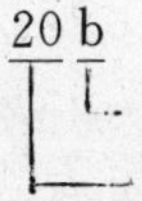

名称：__________　　名称：__________

60

名称：__________

T 12 A

ZG 310－570

§2—3　合　金　钢

一、填空题

1．所谓合金钢，就是在________的基础上，为了改善钢的________________，在冶炼时有意加入一些________________的钢。

2．合金钢按用途分为____________________、____________________和____________________。

3．合金钢按合金元素含量的多少分为________________、________________和________________。

二、选择题（将正确答案序号写在横线上）

1．制造汽车、拖拉机的变速齿轮的材料应选用______。

A．16Mn　　*B*．20CrMnTi　　*C*．Y12

2．制造机床主轴的材料应选用______。

A．40Cr　　*B*．65Mn　　*C*．9SiCr

3．合金弹簧钢是______。

A．38CrSi　　*B*．65　　*C*．60Si2Mn

4．1Cr18Ni9 适于制造______。

A．刃具　　*B*．化工容器　　*C*．电缆

三、名词术语解释题

1．解释材料牌号的名称、符号及数字的含义（将答案写在引线处）

20 Mn V

名称：__________

55 Si2 Mn

名称：__________

G Cr15

W18 Cr4 V

名称：__________

1 Cr18 Ni9

ZGMn 13

名称：__________

2. 特殊性能钢：

3. 轴承钢：

四、问答题

1. 合金钢与碳钢相比具有哪些性能特点？

2. 高速钢区别于其它一般工具钢的主要特征是什么？

3. 高锰钢 ZGMn13 的表面耐磨性是如何获得的？

§2—4 硬质合金

一、名词术语解释题

1. 硬质合金：

2. 解释材料牌号的名称、符号及数字的含义（将答案写在引线处）

二、问答题

1. 硬质合金的性能特点是什么？

2. 各类硬质合金适合加工何种性质材料？

§2—5　铸　铁

一、填空题

1. 通常把含碳量＿＿＿＿＿＿＿＿＿＿的铁碳合金称为铸铁。

2. 铸铁中的碳以＿＿＿＿＿＿＿＿＿＿＿＿的过程称为石墨化。

3. 白口铸铁中的碳几乎全部以＿＿＿＿＿＿＿＿的形式存在；灰口铸铁中的碳全部或大部以游离状态的＿＿＿＿＿＿＿＿形式存在；可锻铸铁中的碳是以＿＿＿＿＿＿＿＿＿＿形式存在；球墨铸铁中的碳呈＿＿＿＿＿＿＿＿＿＿存在。

二、判断题（在括号内，正确的画“○”，错的打“×”）

1. 机床床身一般用灰口铸铁制造。　（　　）

2. 可锻铸铁是因可以锻造加工而得名。　（　　）

3. 球墨铸铁可制造柴油机的曲轴。　（　　）

4. KT350—10 是白心可锻铸铁。　（　　）

三、解释材料牌号的名称、符号及数字的含义（将答案写在引线处）

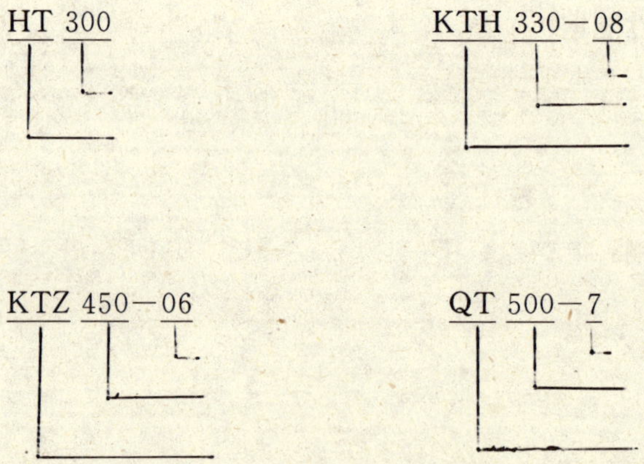

四、问答题

1. 什么叫变质铸铁？用于什么场合？

2. 为什么同一铸件的表层或薄壁处比心部或壁厚处的硬度高？

§2—6 有色金属及其合金

一、填空题

1. 通常把______及其________以外的铝、镁、铜、锡、铅、锌、钛……及其合金叫做有色金属。

2. 黄铜是以______为主加元素的铜合金。除黄铜、________以外的所有铜基合金统称为________。

二、解释材料牌号的名称、符号及数字的含义（将答案写在引线处）

L 3

LF 5

LY 11

LC 4

LD 10

ZL 105

ZL 2 02

ZL 3 01

ZL 4 02

T 3

H 68

HPb 61－1

ZCu Sn3 Zn8 Pb6 Ni

ZChSn Sb8－4

三、问答题

1．何谓轻金属和重金属？

2．什么叫轴承合金？

第三章　热处理知识

§3—1　热处理概述

一、填空题

1. 钢的热处理，就是将钢在________下通过________、________和冷却的方式来改变其内部组织，从而获得所需性能的一种工艺方法。

2. 根据工艺不同，钢的热处理方法分为________、正火、________、回火及____________________等。

3. 任何一种热处理工艺都是由________、________和________三个阶段所组成。

二、问答题

1. 热处理与其它冷、热加工工艺有何不同？

2. 预先热处理和最终热处理的各自目的是什么？

3. 热处理的实际意义何在？

§3—2　铁碳合金相图

一、填空题

1. 铁碳合金状态图是表示在极缓慢加热或冷却情况下，不同成分铁碳合金的________或________随________变化的一种图形。

2. 碳溶解于____________中的固溶体称铁素体，用符号______表示。

3. 碳溶解于____________中的固溶体称奥氏体，用符号______表示。

4. 渗碳体是______和______的化合物，其分子式为________。

5. ____________和____________组成的机械混合物称珠光

体，用符号______表示。

6. ____________和____________组成的机械混合物称莱氏体，用符号______表示。

二、名词术语解释题

1. 亚共析钢：

2. 共析钢：

3. 过共析钢：

4. 亚共晶白口铁：

5. 共晶白口铁：

6. 过共晶白口铁：

三、问答题

1. 何谓共晶转变？

2. 何谓共析转变？

§3—3　钢在加热和冷却时的转变

一、填空题

1. Ac_1、Ac_3、Ac_{cm}分别表示____________、________________、________________在加热时的实际临界温度线。

2. 共析钢、亚共析钢、过共析钢在冷却时的实际临界温度线分别用________、________、________表示。

3. 将共析钢高温奥氏体以不同方式进行冷却时，便得到叫做中________、________、________类型的室温组织产物。

4. 珠光体的______最低；贝氏体的__________最好；马氏体的______最高。

二、问答题

1. 什么是马氏体？其硬度取决于什么？

2. 为什么钢热处理时，加热温度不能过高或保温时间不宜过长？

§3—4 钢的退火与正火

一、填空题

1. 退火是将金属或合金加热到适当温度，______一定时间，然后________到室温的热处理工艺。

2. 常用的退火方法有________、等温退火、________、__________等。

3. 钢正火后获得的组织一般是________。其______、______要比退火后的粗片状珠光体高。

二、选择题（将正确答案序号写在横线上）

1. 完全退火只适用于______。

A. 共析钢　*B*. 亚共析钢　*C*. 过共析钢

2. 共析钢和过共析钢退火时应采用______。

A. 完全退火　*B*. 去应力退火　*C*. 球化退火

3. 去应力退火______。

A. 发生组织转变　*B*. 不发生组织转变　*C*. 发生局部组织转变

4. 球化退火的目的是获得______。

A. 球状珠光体　*B*. 片状渗碳体　*C*. 马氏体

三、名词术语解释题

1. 珠化退火：

2. 去应力退火：

3. 正火：

四、问答题

1．退火的目的是什么？

2．为什么过共析钢不宜采用完全退火？

§3—5　钢的淬火与回火

一、填空题

1．淬火是将钢加热到 Ac_3 或 Ac_1 以上某一温度，保温一定时间，然后以适当速度冷却获得＿＿＿＿＿＿或＿＿＿＿＿＿组织的热处理工艺。

2．常用的淬火方法有单液淬火法、＿＿＿＿＿＿＿＿＿＿、分级淬火法、＿＿＿＿＿＿＿＿＿＿。

3．淬透性是指钢在＿＿＿＿＿＿＿＿＿＿获得＿＿＿＿＿＿＿＿＿＿的能力。

4．淬硬性是指钢经＿＿＿＿＿＿所能达到的＿＿＿＿＿＿＿＿＿＿。

5．回火是将＿＿＿＿＿＿＿＿＿＿重新加热到＿＿＿＿以下某一温度进行保温，然后以适当速度冷却下来，得到＿＿＿＿＿＿＿＿＿＿的热处理工艺。

6．一般习惯将＿＿＿＿加＿＿＿＿＿＿＿＿＿＿的双重处理称为调质处理。

二、选择题（将正确答案序号写在横线上）

1．生产上希望得到的下贝氏体组织，是采用＿＿＿。

A．等温淬火　*B*．单液淬火　*C*．双液淬火

2．为了获得强度、硬度、塑性、韧性都较好的综合力学性能，应采用＿＿＿。

A．正火　*B*．分级淬火　*C*．调质处理

3．为保证精密丝杠的尺寸不发生变化，不失去原有的精度，应进行＿＿＿。

A．完全退火　*B*．时效处理　*C*．正火

三、问答题

1．绝大多数钢的淬火目的是什么？

2．为什么淬火钢必须及时回火？

3．常见的热处理缺陷有哪几个方面？

§3—6　钢的表面热处理

一、填空题

1．常用的表面热处理方法有＿＿＿＿＿＿＿＿＿＿和＿＿＿＿＿＿＿＿＿＿。

2．表面淬火就是把钢的表面迅速加热到＿＿＿＿＿＿＿＿＿＿，然后＿＿＿＿＿＿＿＿＿＿，使钢表面层获得＿＿＿＿＿＿＿＿＿＿，而心部仍保持未淬火状态的一种局部淬火方法。

3．化学热处理就是使钢表面＿＿＿＿＿＿＿＿＿＿改变的一种特殊热处理方法。

4．化学热处理包括＿＿＿＿＿＿、＿＿＿＿＿＿、＿＿＿＿＿＿三个基本过程。

二、问答题

1．什么叫钢的表面热处理？

2．为什么需对齿轮、曲轴类零件进行表面热处理？

3．化学热处理的目的是什么？化学热处理与其它热处理有何不同？

第四章　毛坯生产

§4—1　铸　　造

一、填空题

1. 将熔融________浇入具有和________________相适应的铸型型腔中，经过凝固、冷却后获得毛坯（或零件）的成形方法称为铸造。

2. 铸造方法可分为________________和________________两大类。

3. 砂型铸造的造型材料，就是用来制造________和________的材料。

4. 砂型铸造的造型材料包括________、________及________等。

5. 手工造型常用方法有________________、分模造型、________________、地坑造型、________________和活块造型等。

6. 机器造型的紧砂方法可分为压实、________、________和抛砂四种基本方法。

二、判断题（在括号内，正确的画"○"，错误的打"×"）

1. 配好的型砂或芯砂，用手捏感到柔软，容易变形、不沾手，掰断时断面不粉碎，就说明型（芯）砂的性能合格。（　　）

2. 合金的铸造性能主要指其透气性、退让性、耐火性等。（　　）

3. 浇注温度过高或浇注速度过快都能造成铸件产生冷隔现象。（　　）

4. 铸铁件的浇、冒口可以用铁锤打掉；而有色金属铸件的浇、冒口应锯割掉。（　　）

三、选择题（将正确答案序号写在横线上）

1. 对型砂和芯砂的性能要求包括______。

A. 硬度　　*B*. 韧性　　*C*. 透气性

2. 机器造型常用的紧砂方法是______。

A. 压实　　*B*. 震压　　*C*. 抛砂

四、名词术语解释题

1. 透气性：

2. 退让性：

3. 落砂：

五、问答题

1. 浇注应注意什么？

2. 特种铸造比砂型铸造具有哪些优点？

§4—2 锻　　压

一、填空题

1. 金属的压力加工是借外力的作用，使金属产生__________，从而获得具有一定_______、尺寸和__________的原材料、毛坯的加工方法。

2. 金属压力加工包括____________和____________两种方法。

3. 板料冲压的基本工序可分为__________和__________两大类。

4. 锻造可分为__________和__________。

二、问答题

1. 什么叫加工硬化？如何消除？

2. 简答锻造与其它加工方法比较有何优点？

§4—3 焊接与切割

一、填空题

1. 焊接是利用局部_______或_______的方法，并且用填充材料，使两个____________连接成为一个牢固整体的一种连接方法。

2. 电弧焊是利用_______与_______之间产生的电弧热量__________进行焊接的。

3. 气焊是利用__________与氧气混合燃烧时产生的热

量，将________和________熔化的一种焊接方法。

二、选择题（将正确答案序号写在横线上）

1．熔化焊包括______。

A．电弧焊　*B*．对焊　*C*．点焊

2．压力焊中有一种方法是______。

A．气焊　*B*．摩擦焊　*C*．烙铁钎焊

三、名词术语解释题

1．熔化焊：

2．压力焊：

3．钎焊：

四、问答题

1．简答焊接的特点有哪些？

2．使用焊钳注意哪些事项？

3．焊芯的作用是什么？

第五章　常用金属切削加工方法

§5—1　金属切削加工的基本概念

一、填空题

1．金属切削加工工艺是利用刀具从金属毛坯上，切去________________，以获得符合________________的零件的加工方法。

2．常用的金属切削加工方法分为____________和________两部分。

3．切削三要素包括____________、____________、____________。

4．常用的刀具材料有____________、____________、____________和硬质合金等。

二、名词术语解释题

1．切削深度：

2．切削速度：

3．进给量：

4．待加工表面：

5．已加工表面：

6．切削表面：

三、问答题

1．什么是主运动和进给运动？

2．简答刀具材料应具备哪些性能？

3．目前我国机床分哪十二大类？

4．何谓加工精度？包括哪些内容？

5．标准尺寸公差分为哪20级？说明其精度高低和选用的原则是什么？

§5—2　常用切削加工方法介绍

一、填空题

1．在车床上用________对________进行________________的过程叫车削。

2．车床主轴变速箱的作用，是把电动机的转动传递给________，带动________作旋转运动，并通过控制____________________进行调速。

3．根据________旋转方向与________进给方向的相互关系，铣削过程可以分为顺铣和逆铣两种。

4．铣刀按用途不同分为三大类：(1)________________的铣刀；(2)________________的铣刀；(3)________________________的铣刀。

二、选择题（将正确答案序号写在横线上）

1．车削加工的主运动是______。

A．刀具的移动　*B*．工件的旋转　*C*．刀具和工件同时移动

2．在车床上夹紧不规则形状工件时，应使用______。

A．顶尖　*B*．三爪卡盘　*C*．四爪卡盘

3．车削______需使用中心架和跟刀架。

A．细长轴　*B*．螺纹　*C*．锥面

4．螺旋齿圆柱形铣刀可以加工______。

A．平面　*B*．沟槽　*C*．V型面

5. 铣削凸半圆型面时应使用______。

A. 平面铣刀　*B*. 沟槽铣刀　*C*. 特型铣刀

三、问答题

1. 在车床上可以完成哪些加工工作？

2. 光杠和丝杠的作用是什么？

3. 刃磨车刀时需注意哪些事项？

4. 铣削可以完成哪些加工工作？

5. 简答刨削的工艺特点是什么？

6. 磨削的工艺特点是什么？

7. 什么叫特种加工？其适用范围如何？

§5—3　钳工加工及装配

一、填空题

1. 钳工的工作场地主要由____________和________两部分组成。

2. 钳工划线是根据________或________的尺寸，在待加工的毛坯或半成品上划出________________的操作方法。

3. 钻削是用________________在钻床上对工件进行________________或将已有孔的直径扩大和提高其______的加工

过程。

4. 常见的钻床有________________、________________和________________等。

5. 錾削是用________________________对金属进行________________的一种方法。

6. 产品的装配步骤可分为________________________、装配、____________________________、________四个阶段。

二、选择题（将正确答案序号写在横线上）

1. 在铸、锻件毛坯的表面上划线时，应使用的涂料是______。

A. 紫色　B. 白灰水　C. 硫酸铜

2. 刮研和研磨是钳工加工中的______。

A. 精加工方法　B. 半精加工方法　C. 粗加工方法

三、名词术语解释题

1. 钳工：

2. 锉削：

3. 攻丝：

4. 套扣：

5. 刮削：

6. 研磨：

四、问答题

1. 钳工划线的作用是什么？

2. 选择划线基准的一般原则是什么？

3．錾削操作应注意哪些事项？

4．锉削操作应注意哪些事项？